# FILIPE 10 ANOS
## O QUE APRENDI DA VIDA

Editora Appris Ltda.
1.ª Edição - Copyright© 2018 do autor
Direitos de Edição Reservados à Editora Appris Ltda.

Nenhuma parte desta obra poderá ser utilizada indevidamente, sem estar de acordo com a Lei nº 9.610/98. Se incorreções forem encontradas, serão de exclusiva responsabilidade de seus organizadores. Foi realizado o Depósito Legal na Fundação Biblioteca Nacional, de acordo com as Leis nºs 10.994, de 14/12/2004, e 12.192, de 14/01/2010.

Catalogação na Fonte
Elaborado por: Josefina A. S. Guedes
Bibliotecária CRB 9/870

| | |
|---|---|
| R375f<br>2018 | Reis, Filipe Augusto Harrad<br>Filipe 10 anos: o que aprendi da vida / Filipe Augusto Harrad Reis. - 1. ed. - Curitiba: Appris, 2018.<br>43 p.: il. ; 21 cm<br><br>Inclui bibliografias<br>ISBN 978-85-473-2465-0<br><br>1. Crianças – Narrativas pessoais. I. Título.<br><br>CDD – 028.5 |

Editora e Livraria Appris Ltda.
Av. Manoel Ribas, 2265 – Mercês
Curitiba/PR – CEP: 80810-002
Tel: (41) 3156 - 4731
www.editoraappris.com.br

Printed in Brazil
Impresso no Brasil

Filipe Augusto Harrad Reis

# FILIPE 10 ANOS
## O QUE APRENDI DA VIDA

## FICHA TÉCNICA

| | |
|---|---|
| EDITORIAL | Augusto V. de A. Coelho |
| | Marli Caetano |
| | Sara C. de Andrade Coelho |
| COMITÊ EDITORIAL | Andréa Barbosa Gouveia (UFPR) |
| | Jacques de Lima Ferreira (UP) |
| | Marilda Aparecida Behrens (PUCPR) |
| | Ana El Achkar (UNIVERSO/RJ) |
| | Conrado Moreira Mendes (PUC-MG) |
| | Eliete Correia dos Santos (UEPB) |
| | Fabiano Santos (UERJ/IESP) |
| | Francinete Fernandes de Sousa (UEPB) |
| | Francisco Carlos Duarte (PUCPR) |
| | Francisco de Assis (Fiam-Faam, SP, Brasil) |
| | Juliana Reichert Assunção Tonelli (UEL) |
| | Maria Aparecida Barbosa (USP) |
| | Maria Helena Zamora (PUC-Rio) |
| | Maria Margarida de Andrade (Umack) |
| | Roque Ismael da Costa Güllich (UFFS) |
| | Toni Reis (UFPR) |
| | Valdomiro de Oliveira (UFPR) |
| | Valério Brusamolin (IFPR) |
| ASSESSORIA EDITORIAL | Bruna Fernanda Martins |
| REVISÃO | Isabela do Vale Poncio |
| PRODUÇÃO EDITORIAL | Lucas Andrade |
| ASSISTÊNCIA DE EDIÇÃO | Suzana vd Tempel |
| DIAGRAMAÇÃO | Isabelle Natal |
| CAPA | Eneo Lage |
| ILUSTRAÇÕES | Lívia Mendes |
| COMUNICAÇÃO | Ana Carolina Silveira da Silva |
| | Carlos Eduardo Pereira |
| | Igor do Nascimento Souza |
| LIVRARIAS E EVENTOS | Milene Salles \| Estevão Misael |
| GERÊNCIA COMERCIAL | Eliane de Andrade |
| GERÊNCIA DE FINANÇAS | Selma Maria Fernandes do Valle |

# Biografia

Nasci em São Gonçalo-RJ, em 2005, na comunidade do Proença, que era muito pobre.

Eu tinha uma família biológica, mas meu pai morreu quando eu ainda não tinha completado cinco anos. Mudamos para uma comunidade na cidade do Rio de Janeiro onde viviam vários traficantes de drogas. Aos poucos, a nossa família foi perdendo o rumo. Eu, caçula, não frequentava a escola. Aprendi cedo a colocar comida dentro de casa, pedindo dinheiro e coisas para comer na rua. A regra na minha vida era não ter regra. O limite na minha vida era não ter limite.

No final, minha mãe perdeu o poder familiar. Junto com minha irmã Jéssica, fui para uma família acolhedora e perdemos o contato com nossos outros dois irmãos mais velhos.

Aos 8 anos fui adotado, junto com minha irmã Jéssica, que tinha 10 anos na época, por Toni Reis e David Harrad.

Mudei para Curitiba. Fiz o Ensino Fundamental I na Escola Municipal Batel. Agora estudo o Ensino Fundamental II no Colégio Estadual Professor Cleto. Estudo português, matemática e inglês no Kumon. Faço curso de YouTuber e sou escoteiro no grupo Takashi Maruo.

Hoje me sinto feliz, me sinto protegido e me sinto seguro para estudar, algo que antes não gostava muito. Meus pais são exigentes com meus estudos. Sei que é para meu bem. Tenho uma rotina rígida. Mas, mesmo assim, eu gosto. Prefiro ter os limites, o amor e alguém que pegue no meu pé. Esta pegação no pé é prova de amor.

Sou muito bem humorado. Adoro jogar vídeo game. Em casa sou responsável por ajudar a limpar e arrumar a casa uma vez por semana, sair com nossos cachorros Honey e Black Street (quinho) todo dia pela manhã, e comprar ração para nossos cachorros e gatos.

Tenho meu blog chamado Resenhas do Augusto: http://filipeharrad.blogspot.com.br/

Meu plano para o futuro é ser veterinário, mas posso mudar de ideia!

# Agradecimentos

À minha família, papai Toni, dad David, minha irmã querida Jéssica e meu irmão Alyson.

Às minhas vovós, Araci e Hália.

À minha madrinha, Romy.

Ao tio Cláudio e primo Yuri, por terem nos acolhido no dia que conhecemos nossa nova família.

À juíza Dr.ª Mônica Labuto, à sua equipe e à advogada Dr.ª Silvana Do Monte Moreira, pelos cuidados com minha adoção.

Ao tio Sérgio e tio Pedro, por cuidarem de mim, e por me prepararem para o batismo.

Às professoras Lucineia, Naiara, Bárbara, Débora, Ana Paula e Equipe Pedagógica da Escola Municipal Batel, onde aprendi a ler e escrever.

Aos amigos e às amigas e professores e professoras do Colégio Professor Cleto.

A todas e todos do Grupo Escoteiro Takashi Maruo. Sempre alerta!

À Lívia, pelas ilustrações.

Aos meus amigos e às minhas amigas.

# Prefácio

A adoção tardia tem sido atualmente amplamente discutida no Brasil. Mas, esse nunca foi um tema relevante para grande parte das famílias que se colocavam e ainda se colocam como possíveis pais adotivos. Aliás, a adoção tardia sempre foi e continua sendo, um grande tabu em nosso país.

Romper esse paradigma social cruel é motivo de orgulho para a família Harrad Reis, que vem ao longo de quase trinta anos, rompendo tantos outros paradigmas numa sociedade tradicionalmente preconceituosa.

Receber, na escola onde trabalho e sou gestora, os filhos do coração de Toni Reis e David Harrad foi desafiador, mas também a oportunidade para muitas aprendizagens.

Filipe e Jéssica chegaram em Curitiba em maio de 2014, com 8 e 11 anos respectivamente. E completaram uma prole de 3 filhos adotados tardiamente. Alyson já se encontrava nesse seio familiar e o sucesso dessa primeira adoção encorajou a adoção de mais duas crianças, quase pré-adolescentes.

Foram quatro anos convivendo com Filipe e sua nova família. As dores, angústias, incertezas, rebeldia demonstradas por ele nunca foram motivos de desânimo ou lástimas por parte de seus pais. Ao contrário o amor, o afeto e o diálogo permeados pela firmeza e o estabelecimento de regras e rotina foram construindo laços afetivos e efetivos entre esse menino e sua família.

Prefaciar o livro escrito por Filipe é uma honra e também motivo de muito orgulho já que foi em nossa escola que ele aprendeu a ler e escrever. Ao ler seu texto consegui identificá-lo nas sutilezas de cada frase. Ali está ele, contando suas dolorosas experiências no morro, sua vivência em uma nova cidade, as dificuldades de adaptação em um novo lar, as agruras dos TAC... mas também o quanto tudo isso o fez ser ele hoje.

Apesar de sua pouca idade, a coragem desse menino em escrever sobre seu aprendizado de vida é contagiante e nos faz refletir sobre o como encaramos a vida e o que ela nos oferece cotidianamente.

Resta dizer ao Filipe Augusto, o quanto ele também nos ensinou sobre dor, aceitação, recomeços, oportunidades, tolerância, reciprocidade, amor.

Filipe e sua família feita de laços de amor nos ensina diariamente sobre tudo isso!

*Lucineia Percigili*
*Diretora da Escola Municipal Batel, Curitiba-PR*

# Introdução

Quando fui adotado com 8 anos, eu ainda não sabia ler e escrever. Eu estava apenas começando a estudar no primeiro ano do Ensino Fundamental.

Mas agora, com o incentivo e a ajuda dos meus pais, da minha família nuclear, também da minha família estendida e sobretudo dos meus professores e das minhas professoras, aprendi a ler e escrever, e estou colocando em prática o que aprendi!

Escrevi estas linhas quando completei 10 anos, mas agora, com 12 anos, resolvi publicar. Todo ser humano tem uma história e uma vida.

Uma das minhas inspirações é a música Muleque de Vila, cantada por Projota:

Muleque de Vila

Eu falei que era uma questão de tempo
E tudo ia mudar, e eu lutei
Vários me disseram que eu nunca ia chegar, duvidei
Lembra da ladeira, meu?
Toda Sexta-feira meu melhor amigo é Deus e o segundo melhor sou eu
Eu tanto quis, tanto fiz, tanto fui feliz
Eu canto Xis, canto Péricles, canto Elis
Torcedor do Santos, desse pão e sei que eu também quis
Não sei feliz, mas geral merece não ser infeliz
Prosperei com o suor do meu trabalho
Me guardei, lutei sem buscar atalho
E sem pisar em ninguém
Sem roubar também, então sei
Que hoje o meu nome é Foda e meu sobrenome é Pra Caralho

Deus olhou pra mim, disse assim, escuta neguin
Pegue esse caderno e escreve cada folha até o fim
Eu disse Senhor, sou tão tímido, sinto mó pavor
Só no subir no palco a perna congelou
Mas rodei o Brasil, CD na mochila foi cinquenta mil
Mão em mão, na rodoviária passando mó frio
Quem viu, viu, Curitiba meu tesouro, foi estouro
Vinte e cinco mil, tio, DVD de ouro
Triunfo bombou, Leandro estourou, Michel prosperou
Dei valor, só trabalhador, homens de valor
Minha cor não me atrapalhou, só me abençoou
Quem falou que era moda, hoje felizmente se calou
Vai, vai lá, não tenha medo do pior
Eu sei que tudo vai mudar
Você vai transformar o mundo ao seu redor
Mas não vacila, moleque de vila, moleque de vila, moleque de vila
Não vacila, moleque de vila, moleque de vila, moleque de vila
Já fui vaiado, já fui humilhado, já fui atacado
Fui xingado, ameaçado, nunca amedrontado
Aplaudido, reverenciado, homenageado
Premiado pelos homens, por Deus abençoado
Avisa o Rony que hoje é nós, não tem show, tô sem voz
Se o Danilo não colar, vou buscar de Cross
Se o Marques chegar, grita o Magrão, liga, mó função
Tem churrasco, sem fiasco, tira espinha do salão
Já cantei com Mano Brown, com Edi Rock, com Helião
Com D2, com MV, dei um abraço no Chorão
Aprendi fazer freestyle no busão
Hoje é o mesmo freestyle, só que a gente faz no fundo do avião
E hoje eu acordei chorando porque eu me peguei pensando
Será que lá de cima a minha véia segue me olhando?
Será que se me olhando, ela ainda 'tá me escutando?
Será que me escutando, ela ainda 'tá se orgulhando?
Hoje tanto faz, putaria 'tá demais
Mas ninguém se liga mais, mas ninguém respeita os pais

Mas pra mim tanto faz porque ainda tem Racionais
Pra quem quer um diferente, tem Oriente e Haikass
Raps nacionais, rostos diferentes, mesmos ideais
Salve, Sabota, e todo Rap sem lorota
Os mano gosta de ir no Twitter xingar o Projota
Mas trai a mulher e não abraça a mãe, faz uma cota
Desde os dezesseis tô aqui, outra vez, vou sorrir
Vou cantar, vou seguir
Vou tentar, conseguir
Se quer falar mal, fala daí
Mas meu público grita tão alto que já nem consigo te ouvir
Olha lá o outdoor com o meu nome
Me emocionar não me faz ser menos homem
Se o diabo amassa o pão, você morre ou você come?
Eu não morri e nem comi, eu fiz amizade com a fome
Vai, vai lá, não tenha medo do pior
Eu sei que tudo vai mudar
Você vai transformar o mundo ao seu redor
Mas não vacila, moleque de vila, moleque de vila, moleque de vila
Não vacila, moleque de vila, moleque de vila, moleque de vila
Não vacila

Agora, vou contar um pouquinho dela por meio deste livro: *Filipe 10 anos, o que aprendi da vida.*

## Aprendi a **respeitar**...

Respeitar os *pais*, porque é importante para a vida.

Pais são sempre chatos, mas são importantes porque nos dão limites, comida, roupa, passeios, mesada e muito amor.

## Conviver bem e respeitar seus **irmãos**

Irmãos também são chatos. Eu tenho o irmão Alyson, ciumento, e a irmã Jéssica, protetora. Às vezes nós brigamos, mas gostamos de assistir juntos filmes, jogamos bola, brincamos na praia. E eles sempre têm uma palavra amiga para a gente.

Irmãos têm que ser unidos, por tudo e para sempre.

## Respeitar seus **padrinhos** e suas **madrinhas**.

São os nossos segundos pais. Dão presentes. São pessoas legais.

Fique cuidando da sua *vovó*, por favor! Porque você tem que protegê-la. Também, ela irá te ajudar.

## Aprendi a **respeitar**...

Não toque no corpo de outra pessoa e não deixe que toque em seu corpo, a não ser que você permita e a pessoa permita também.

Eu já passei a mão em algumas meninas. Aprendi que isso é feio.

Se acontecer de alguém tocar em você, avise sempre uma pessoa adulta. Não faça nada que você não goste.

Respeitar as pessoas **mais velhas**.
Respeitar **todo mundo**.

Não precisa ficar brigando com as pessoas.

Quando um não quer, dois não brigam.

Ame seus inimigos, que eles te amarão, não só seus amigos, seus pais e seus irmãos.

Nunca brigue com ninguém, fale com a pessoa, peça desculpa e "bola para frente"!

## Aprendi a ter **educação**...

É muito legal, quando você chegar num lugar, dizer "bom dia" (de manhã), "boa tarde" (à tarde) e "boa noite" (à noite).

Sempre quando alguém fizer alguma coisa para você, diga "muito obrigado"!

Seja gentil com as pessoas para a sua vida melhorar muito. "Você é muito gentil. Continue assim!"

# Quando falarem com você, **sempre** responda com **educação.**

Sempre olhe nos olhos da pessoa, não desvie os olhos e não fique fazendo outra coisa. É feio não prestar atenção na outra pessoa, ela não se sente valorizada.

# Aprendi que é preciso ter **moderação**...

## Droga

Tudo que você exagera é droga.

Eu conheci as drogas onde eu morava antes. Lá tinha tráfico de drogas.

Aprendi que a maconha faz mal porque deixa a pessoa "noiada". Você fuma e não quer fazer mais nada. Ela dá um prazer imediato, depois você fica triste.

Entendeu? Ou vou ter que desenhar para você?

## Poupe tudo que puder

Não gaste muita água, porque assim é dinheiro pelo ralo abaixo. Desligue a torneira.

Não tome banho de chuveiro por mais de cinco minutos.

Não gaste muita luz, porque quanto mais desligar, menos conta vai vir.

Não gaste papel à toa, porque pode ser reutilizado para desenhar pessoas.

O meio ambiente agradece!

## Dinheiro

Nunca gaste todo seu dinheiro. Poupe. Assim, você economiza para sua faculdade.

Tem que ter poupança para a vida. Não gaste dinheiro todos os dias, porque é essencial para o futuro.

Para poder ter o emprego que você quer.

Eu abri uma poupança na Caixa Econômica. Quem poupa tem.

## Aprendi sobre o **meio ambiente...**

Não jogar lixo no chão. Se não tiver lixeira, coloque no bolso e depois na lixeira quando chegar em casa.

Separe o lixo. Jogue o lixo no recipiente certo. Isso é indispensável para a vida da gente e para o meio ambiente.

Cidade limpa é uma cidade de gente educada.

Proteja os animais e as plantas.

## Aprendi a **desconfiar**...

Não seja iludido.

Seja educado e converse com todo mundo. Mas... não acredite nas pessoas que você não conhece, porque elas podem estar mentindo.

Não aceite presentes de pessoas estranhas quando não tem motivo, você não sabe o que estão querendo. Pode ser um perigo para você. Pode até ficar envenenado.

## Aprendi a ser **solidário** com as pessoas...

Seja solidário. É importante para a vida e é divertido.

Divide as coisas que você tem para todos ficarem muito felizes, a para você também ficar na sua vida eterna.

Ajude as pessoas a atravessarem a rua, quando pedem ou querem ajuda... Pergunte primeiro se querem ajuda.

Quando a pessoa estiver machucada, veja o que aconteceu. Quando está com problema, veja se pode ajudar a resolver...

Sempre ajude as pessoas para todos se amarem na vida, por favor!


## Aprendi que o **bullying** é uma coisa ruim...

Bullying não pode ter, por qualquer motivo: ser uma pessoa baixa, alta, negra, branca, evangélica, católica, gay, etc., do Atlético, do Coxa... Não importa como a pessoa é, ela não deve sofrer bullying.

Enfim, não faça aos outros o que você não gostaria que fizessem para você.

Não fique triste quando alguém apelida ou zoa com você. Se a outra pessoa tem problema com você, o problema é da pessoa, e não com você.

Não revide se alguém faz bullying com você, segure e conte para um adulto.

Aprendi a **cuidar** de mim...

## Alimentação. O que eu aprendi.

Consumir bastante legumes e salada, para ficar forte e bonito!

Por mais que não goste de legumes e salada, fazem bem para você.

Não coma muito doce, e nem fritura. Você pode ficar doente.

Se comer muito doce, você pode ficar com cáries nos dentes, como eu já fiquei!

Eu gosto muito de doce!

## Criança aprende a cozinhar, para ser um grande cozinheiro.

Eu aprendi a cozinhar. Já sei fazer arroz, feijão, pizza, salada. Sempre ajudo em casa. Nunca passarei fome por não saber cozinhar.

## A higiene na minha vida

A higiene é importante para a vida. Tomar banho todos os dias, porque se não a gente pode começar a cheirar mal. Tomando banho todo dia, a gente fica limpa e se sente bem!

Escovar os dentes depois das refeições, para não ter mau hálito, ter cáries ou perder o dente.

Trocar a roupa todos os dias.

Cortar as unhas pelo menos uma vez por semana.

Passar o cotonete nos ouvidos, para tirar a cera.

Andar calçado dentro e fora de casa, para não sujar os pés ou pegar resfriado.

A limpeza é importante para a vida, para não ter ratos e aranhas.

# Aprendi a **pensar** antes de agir...

Antes de fazer alguma coisa, pense se é certo ou errado.

Fazer o que é certo, sempre, porque isso vai fazer bem para sua vida.

Não pode pegar as coisas dos outros, sem pedir.

Lutar pelo que é certo.

# Aprendi a ser "**sempre alerta**"!

Ser escoteiro é muito importante para a sua vida e para a vida de seus pais, seus irmãos, seus filhos e os filhos de seus filhos e de suas filhas.

Fui lobinho. Agora sou escoteiro. Lá aprendo brincando e tenho bons amigos.

## Aprendi sobre **fofoca**...

Não conte para ninguém os segredos que alguém contou para você. Segredo é segredo.

Não invente histórias, não minta. Faz mal para todo mundo.

Não gosto de pessoas mentirosas.

Não seja fofoqueiro. Na comunidade falavam "X9 morre cedo"!

## Aprendi sobre **humildade**.

Nunca se ache melhor em tudo, porque sempre vai ter pessoas piores e melhores que você.

Eu jogo bola muito bem, mas tem gente que joga muito melhor que eu.

Você tem que saber perder, sem ficar frustrado.

Às vezes você perde, às vezes você ganha.

O importante é brincar e se divertir.

## Aprendi sobre **religião**...

Na escola, temos aula de ensino religioso, onde aprendemos sobre diferentes religiões.

Eu, minha irmã e meu irmão fomos batizados na catedral de Curitiba em 23 de abril de 2017. Tivemos que fazer um curso intensivo sobre o catolicismo, antes de poder ser batizados.

Pelo menos uma vez por mês, nós vamos em família à missa de domingo, na catedral.

Às vezes parece que a missa não vai terminar nunca...

... mas sempre tem a moral da história que o padre conta, e acabo aprendendo mais alguma coisa sobre a vida.

## Aprendi sobre **animais de estimação**...

Cuidar dos seus animais de estimação

Dê banho nos seus animais pelo menos uma vez por mês, no verão. No inverno, pode ser a cada três meses.

Dê comida e bastante água, pois os animais sentem fome, sede, dor e eles nos dão de retorno muito amor e carinho.

Amo nossos gatos Lilith Mel, Thor Eros e Snowball Jequitinhonha; e os nossos cachorros Honey Penny e Black Street, que tem o nome social Quinho.

## Aprendi a **ter cuidado** com as coisas dos outros...

Tomar mais cuidado para não quebrar nada importante de sua família.

Alguns cuidados especiais:

- Não jogue bola dentro de casa, vai quebrar as coisas.

- Não corra dentro de casa, para evitar acidentes.

- Acima de tudo, nunca brinque com fogo. Se não, você pode acabar com a casa onde você mora!

## Aprendi a **estudar**...

Estudar é importante para a vida.

Faça Kumon e estude bastante. No Kumon você repete e repete até aprender, faz a prova e sobe de nível. É importante tanto para a vida, quanto para o aprendizado.

É importante para você se desenvolver e ser uma pessoa preparada para vida.

Escreva um livro que nem eu. Agora estude muito para sua vida melhorar bastante.

A **leitura** é importante, porque você aprende mais as coisas para a sua vida e para a sua família.

Eu leio muito gibi. Gosto muito de gibi da Turma da Mônica.

Leitura de livro, às vezes é chato, mas é bom. Você aprende a escrever direito as palavras também.

## Aprendi que tudo que vai volta...

Aprendi que quando apronto, o Termo de Ajuste de Comportamento (TAC) que temos na nossa família serve para corrigir o que eu fiz de errado. Eu tenho que escrever o que fiz, por que, qual será o "castigo" e como vou fazer para que não aconteça de novo. Todo mundo tem que assinar: eu, meus irmãos, meus pais e, se aconteceu fora de casa, uma pessoa responsável assina também, como a professora da escola ou a chefe do grupo escoteiro.

## Aprendi a me **desapegar** das coisas...

Não seja possessivo. Desapegue.

Brinquedo que você não usa mais, doe para outra criança.

Doe as coisas que não precisa mais, como roupas e sapatos que não cabem mais em você, para as pessoas de rua que estão com fome e estão precisando. Não jogue embaixo da cama as coisas que você não quer mais.

## Eu já sabia... **Brincar** é muito bom!

Brinque na hora certa. Tem hora para tudo, para toda vida.

Assim tudo fica melhor.

Brincando também se aprende!

## Aprendi sobre o **trânsito**...

Antes de atravessar a rua, olhe para os dois lados e só atravesse quando não tiver veículos passando.

Respeite a faixa de pedestre e tenha mais respeito com as pessoas, para evitar acidentes.

Sempre atravesse a rua na faixa de pedestre, mas preste bem atenção antes de atravessar, porque tem motorista que avança no sinal vermelho.

# Aprendi a **agradar** as pessoas que amo...

Para agradar seus pais, faça desenhos, faça cartão no dia do aniversário deles, no dia da família, no dia dos pais e no dia das mães.

Aqui em casa fazemos cartões no dia dos "pães" (pais e mães), porque temos dois pais.

Pinte desenhos para seus pais, para eles ficarem felizes para sempre.

# Aprendi sobre **amor** e vida...

A vida é muito importante.
É o amor que faz as pessoas viver.

## Aprendi que é importante mostrar **quem somos...**

Damos entrevista para que as pessoas adotem crianças com mais de cinco anos, negras, não só bebezinhos de olhos azuis, e para ajudar a acabar com o preconceito, a homofobia e o bullying em todo lugar. Mostramos que somos uma família, como qualquer outra.

Família é tudo de bom! Família é tudo igual, mas a minha é mais legal!

## Com a **família**, a gente é **tudo**. Sem a família, a gente não é nada.

Porque a família é muito importante, dá segurança para a gente.

Fique com a sua família. Ela vai te proteger...

... dos perigos do mundo.

# Agora, em 2018, eu tenho 12 anos.

Minha irmã Jéssica completou 15 anos em abril deste ano e ofereci este discurso para ela na festa de aniversário:

> *"Boa noite a todas e todos!*
> *Eu te amo muito minha querida irmã Jéssica!*
> *Nós nascemos da mesma mãe*
> *Eu aqui nesta festa sou a pessoa que mais conviveu com você.*
> *Que bom que apesar de tudo que aconteceu na nossa vida, continuamos juntos*
> *Olha como é a vida. Tem coisas boas e ruins*
> *Perdemos um pai, e ganhamos dois. Perdemos uma família, mas ganhamos outra*
> *Estamos estudando*
> *Você vai ser médica*
> *E vou ser veterinário*
> *E para não esquecer..., eu tenho muito ciúme de você.*
> *A pessoa que te amar tem que ser uma pessoa muito legal e eu tenho que aprovar!*
> *Parabéns pelos 15 anos! Feliz aniversário Jéssica!*
> *Com amor, seu amado irmão Filipe."*

# Conclusão

Para mim foi uma experiência muita bacana colocar meus aprendizados neste livro. Foi muito emocionante, mesmo aprendendo a ler e escrever tardiamente, consegui colocar por escrito para o mundo o que a vida me ensinou. Quero continuar estudando. Sou muito orgulhoso do que sou. Quero dar muito orgulho para minha família. Mesmo dando muito trabalho na escola e no colégio, estou melhorando. Já consigo copiar a matéria toda na sala de aula. Às vezes ainda me distraio, mas o dad David e o pai Toni pegam no meu pé e também me ajudam muito a ter limites. Quero controlar o tempo que passo jogando no computador, não mais que uma hora por dia! Vou continuar lendo, fazendo minhas resenhas. Já comecei meu novo livro, no qual falarei sobre minha experiência como escoteiro. E quero muito estudar, fazer uma faculdade, para ser veterinário. Também quero aprender a falar bem inglês, com sotaque britânico! Lá para frente, ali pelos meus 20 ou 30 anos, quero casar e quero que meus pais tenham netos.

Até breve!

*Filipe Augusto Harrad Reis*